# LA PRESSE

# PÉRIODIQUE

## INSTRUMENT D'ADMINISTRATION

## ET DE GOUVERNEMENT.

RAPPEL D'UN MÉMOIRE ADRESSÉ EN 1844 A M. LE MINISTRE DE L'INTÉRIEUR,

PAR M. ED. LANET DE LIMENCEY,

Ancien Sous-Préfet, chevalier de la Légion-d'Honneur, auteur des
Modes de Votation de l'Assemblée législative, ancien membre de
l'Académie des belles-lettres, sciences et arts de Bordeaux, etc.

A partir du 1er juillet, le prix d'abonnement du
*Moniteur* est fixé ainsi qu'il suit :

3 mois. . . 10 fr.
6 mois. . . 20
1 an . . . . 40

(*Moniteur* juin et juillet 1852.)

PARIS,

IMPRIMÉ PAR E. BRIÈRE,

RUE SAINTE-ANNE, 55.

—

1852.

On lit depuis plusieurs jours en tête du *Moniteur* ces
mots :

« A partir du 1er juillet le prix d'abonnement au *Moni-*
» *teur* est fixé ainsi qu'il suit : pour trois mois, 10 fr.;
» pour six mois, 20 fr.; pour un an, 40 fr. »

Il n'y a plus à en douter, la presse périodique qui depuis quarante années a dirigé, modifié, dominé, souvent avec bonheur, mais qui plus souvent encore a vio-
lenté, égaré, perverti l'opinion publique; la presse périodique qui était devenue le marchepied des ambitions,
l'arme des partis, le porte-voix des utopies, l'organe des
rhéteurs de tous les étages, la presse périodique est enfin attaquée dans son omnipotence, et c'est le gouvernement lui-même qui porte les coups, frappant également
ses amis et ses ennemis.

Qu'il nous soit permis, puisque le pouvoir entre dans
cette phase nouvelle d'action sur l'opinion, de rappeler
ce que nous proposions en 1844, et plus tard en 1849, et
de soumettre au jugement des hommes qui, comme nous,
se sont voués aux fonctions administratives une idée
dont la réalisation, devenue facile désormais, mettrait
entre les mains de l'autorité, dans toute la France, l'*ins-*
*trument* qui lui a manqué jusqu'ici pour *assurer* et *maintenir*
l'influence bienfaisante qu'elle a pour mission d'exercer
sur l'esprit public des populations.

Le court Mémoire qu'on va lire fut adressé à M. le ministre de l'intérieur en 1844, sous l'impression que faisaient déjà naître la propagation par les sociétés secrètes et par la presse des idées socialistes et démagogiques.

Cette communication fut renouvelée à la fin de 1847.

Le même Mémoire fut soumis en mars et avril 1849 au comité de la rue de Poitiers, qui s'était donné pour mission de combattre la démoralisation croissante que les doctrines révolutionnaires répandaient dans la population.

Voici la réponse qui nous fut faite par les chefs de ce comité, le 17 avril 1849 :

« Monsieur.

» On a transmis au comité de la rue de Poitiers la no-
» tice que vous avez bien voulu lui adresser sur le moyen
» de combattre par la presse la propagande socialiste.
» Le comité apprécie, comme elles le méritent, vos ob-
» servations sur ce difficile sujet, *et, en raison de leur im-*
» *portance*, il a renvoyé votre Mémoire au ministre de
» l'intérieur (1); nous nous empressons de vous en infor-
» mer et de vous exprimer en même temps tous nos re-
» mercîmens.

» Agréez, etc.,

» Signé : MOLÉ. — FOULD (Achille). — BERRYER. »

Cette appréciation, de la part d'hommes d'état dont le nom exerce une haute influence, autorise et justifie la publication que nous faisons aujourd'hui.

Le but que nous avons en vue est de fournir une idée utile pour créer, non-seulement à Paris, mais dans chaque département, *et par des moyens de nature à subvenir eux-mêmes à la dépense sans grever le budget*, une presse politique et administrative qui deviendrait pour les minis-tres et les préfets un puissant auxiliaire de gouvernement.

_______

(1) Le Mémoire disparut au ministère.

# LA PRESSE PÉRIODIQUE

## INSTRUMENT D'ADMINISTRATION

### ET DE GOUVERNEMENT.

L'administration publique est désarmée devant la presse périodique.

Son *devoir* le plus impérieux cependant est de défendre la société; son *droit* incontestable est de se défendre elle-même. Elle n'y réussira qu'en se servant des armes avec lesquelles elle est attaquée par ses agresseurs.

Combattre la presse par la presse est son seul moyen de viabilité et de salut.

Mais le gouvernement doit-il s'en remettre *pour l'exercice de son droit, pour l'accomplissement de son devoir,* à des entreprises particulières de journaux ?

Ce déguisement, signe de faiblesse, déconsidère ces feuilles, et leur dévoûment ne vient que bien imparfaitement en aide à la situation. Elles ne sont recherchées que par les hommes dont elles représentent l'opinion, et ne sont pas lues par cette partie si nombreuse du public que les oppositions de toutes nuances sollicitent sans relâche, et qu'il importe si fort cependant d'éclairer et d'arracher aux tendances révolutionnaires, socialistes et démagogiques.

Or, jusqu'à présent, le pouvoir exécutif n'a pas accordé à la portion la plus considérable du personnel administratif, *aux maires, adjoints et conseillers municipaux,* qui forment un nombre de 450,000 agens, *produit de l'élection,* l'attention que nos lois nouvelles, par leur essence démocratique, lui commandent de leur donner. Loin d'abandonner à elles-mêmes les tendances politiques des corps municipaux que toute élection reconstitue avec de nouveaux élémens, le gouvernement doit travailler à s'assimiler les hommes que le mouvement électoral y fait entrer. Il ne saurait trop se fortifier à leur égard contre la défiance et la désaffection que les partis lui opposent sur tous les points, car *c'est par les hommes des municipalités qu'il se relie à la population, qu'il agit sur elle*, et qu'il transmet au pays la vie politique sous l'impulsion qu'il a reçue du suffrage universel.

Sa mission et son devoir sont de bien administrer, de maintenir l'ordre, de se faire aimer. Pour atteindre ce triple but, il ne saurait trop se mettre en rapport de pensée et d'action avec ces agens élus, qui sont à la fois les représentans de la population et les représentans du pouvoir exécutif. Ce pouvoir exécutif, chargé de les faire agir pour le fonctionnement administratif, a incontestablement le droit d'établir ces rapports incessans de pensée et d'action comme il l'entend, sous sa responsabilité, et de faire parvenir l'autorité légale de sa parole aux 37,295 municipalités de la manière et sous la forme qui lui convient le mieux.

Or, pourquoi ne le ferait-il pas au moyen d'*une publication périodique officielle*, adressée au nom de l'administration supérieure à tous les maires, adjoints et conseillers municipaux?

La liberté de la presse ouvre un champ sans limite à l'attaque des partis; la presse est devenue la seule arme, le seul bouclier de la défense.

Le gouvernement, battu en brèche par le journalisme, userait donc du droit le plus légitime de la défense en se mettant en rapport direct avec le pays, au moyen de *ce nouvel instrument d'administration*, par l'intermédiaire des 450,000 agens municipaux que le suffrage universel met à sa disposition, après les avoir investis de la confiance des populations.

La fondation d'un tel organe de l'autorité administrative serait complétement justifiée :

1° Par la nécessité de faire enfin (chose négligée jusqu'ici) l'*éducation politique du pays*, selon les institutions qui nous régissent ;

2° De porter aux maires et aux représentans des communes, sans intermédiaires, l'impulsion du pouvoir exécutif ;

3° D'éclairer les élus des communes sur les faits généraux de l'action gouvernementale, faits que les partis, par la voie des journaux, dénaturent et expliquent en toute occasion contre l'administration, contre le pouvoir élu.

---

Cette publication ministérielle pourrait être intitulée :

## LA DÉPÊCHE,
### MONITEUR OFFICIEL DES MUNICIPALITÉS.

La *Dépêche*, organe du pouvoir exécutif, serait spécialement affectée par son immense publicité *à la promulgation des lois et règlemens*, et remplacerait, d'une part, le *Bulletin des lois actuel* à publicité restreinte, et, d'autre part, comme on va l'expliquer, *les recueils préfectoraux des départemens* ;

Elle se composerait :

1° D'articles destinés *à rendre populaire* la connaissance des institutions dans leur sens véritable, qui est le sens libéral, bienfaisant et civilisateur ;

2° D'un bulletin administratif et municipal pour l'exécution des lois et l'application des règlemens dans les circonstances périodiques ou éventuelles qui demandent une action et un fonctionnement uniformes dans toute la France ;

3° D'articles concis, clairs et très-arrêtés sur la politique du moment, articles conçus de façon à contrebalancer le langage des feuilles opposantes du jour ;

4° Des faits, nouvelles, événemens, bulletins commerciaux et particularités de l'activité humaine comme dans les journaux, mais avec un caractère d'authenticité qu'ils n'ont pas ;

5° D'un compte-rendu succinct des séances de l'Assemblée législative.

La *Dépêche* resterait étrangère à *toute polémique avec les journaux*. Moniteur administratif, la parole qu'elle porterait au loin et répandrait sur toute la surface du pays ne saurait être une discussion; elle ne serait qu'*une expression de principes, une décision d'action.*

Recevoir une direction est un des premiers besoins du commun des hommes ; tous subissent l'influence du journal qu'ils lisent habituellement. Ce besoin du journal, si fortement entré dans nos habitudes, et qui fait affluer les lecteurs aux feuilles d'opposition à bon marché, leur enlèverait insensiblement ceux qui font partie des municipalités pour les donner à la *Dépêche, qui ne leur coûterait rien et qui ferait autorité.*

Cette lumière officielle, uniformément et quotidiennement portée sur tous les points, soit par l'envoi de la feuille aux 450,000 maires, adjoints et conseillers municipaux, soit par les abonnemens et distributions à cinq centimes dont il sera question ci-après, contrebalancerait enfin les fâcheux effets des feuilles d'opposition et du socialisme, qui dénaturent les faits, sèment ou propagent les erreurs, et faussent l'opinion publique en rendant tout gouvernement impossible.

---

### RECUEILS PRÉFECTORAUX.

Nous avons dit que la *Dépêche* absorberait en elle le Bulletin des lois et les *recueils préfectoraux.*

Ces recueils se composent de circulaires et arrêtés envoyés aux maires pour l'application des lois et règlemens, et pour la transmission des avis généraux qui touchent à la politique ou à l'administration.

La *Dépêche* donnerait à ces actes une publicité nécessaire et qu'*ils n'ont pas dans l'état de choses actuel.*

On procéderait ainsi :

Un numéro de la *Dépêche, par semaine,* appartiendrait aux préfets, c'est-à-dire que la feuille pour ce jour-là ne serait pas envoyée de Paris. Ce numéro *hebdomadaire préfectoral* remplacerait le recueil. *Il serait rédigé et imprimé dans le département même,* et envoyé sous la même forme que la *Dépêche,* de manière à ne présenter qu'une différence de titre ainsi :

# LA DÉPÊCHE.

MONITEUR HEBDOMADAIRE DU DÉPARTEMENT de.....

Ce numéro particulier deviendrait l'organe officiel local du préfet de chaque département.

Un double but serait atteint, en opposant ainsi une publication qui passerait sous les yeux d'un nombre considérable de lecteurs, à la fois, aux feuilles de Paris et à celles des départemens.

RESSOURCES FINANCIÈRES POUR LE SERVICE DE LA DÉPÊCHE.

La *Dépêche* deviendrait, *pour le service des communes*, par sa partie municipale et administrative, le mot d'ordre du ministre et du préfet, le commentaire permanent des lois.

C'est en raison de cette condition première *d'utilité communale* que les communes prendraient part à la dépense.

Or, au nombre des dépenses obligatoires portées d'office aux budgets communaux, *comme intéressant l'état et l'existence de la commune*, se trouvent : les frais d'impressions pour le service des *communes*, l'abonnement au Bulletin des lois.

La *Dépêche* profiterait de ces allocations ; mais comme la publicité administrative se trouverait étendue *à chaque conseiller municipal*, chaque commune contribuerait en proportion du nombre de ses conseillers. Soit un chiffre moyen de 12 par commune, en fixant à 2 fr. par conseiller la subvention communale à porter au budget, on obtient un nombre de 447,540 qui, à 2 fr., donne un produit de 895,080 fr.

Mais une ressource bien autrement importante serait acquise à la feuille officielle par les *publications légales et les annonces judiciaires*.

Ces publications sont faites aujourd'hui par les journaux ordinaires. La publicité voulue par la loi *est fort restreinte, et souvent illusoire*, et le prix élevé des insertions en rend les frais *très-onéreux* aux intéressés.

D'un autre côté, ces publications attribuées à des feuilles

privilégiées, constituent un monopole dont les autres ont le droit de se plaindre ; elles aident peut être à soutenir des journaux dévoués au gouvernement ; mais à quoi bon, si leurs rivaux peuvent vivre sans ce secours ? En les retirant aux uns et aux autres, le gouvernement rentrerait dans son rôle, qui est d'avoir une justice égale pour tous, et en se chargeant de cette publicité, il accomplirait sa mission, *l'exécution des lois lui est dévolue, c'est à lui d'y pourvoir.*

Or, une feuille officielle, à grande publicité, une fois établie, ce service de publications légales, qui est d'ordre public, appartiendrait, dans chaque département, à cet organe du pouvoir exécutif ; et il serait fait à des prix assez réduits, pour que la *Dépêche* absorbât dans chaque département toute cette catégorie d'annonces.

Il en résulterait :

1° Un avantage considérable d'économie de frais pour les justiciables et les intéressés.

2° Une publicité réelle étendue à tout le département.

3° L'abonnement *de tous les officiers ministériels* à *la Dépêche*, ce qui la ferait pénétrer dans toutes les études d'avoués, de notaires, d'huissiers, dans tous les cabinets d'avocats, gens d'affaires, etc., *résultat politique très-important.*

On peut évaluer à un chiffre moyen de 32,000 fr. par département le produit que les publications légales et annonces judiciaires pourraient donner, ce qui fait pour les quatre-vingt-six départemens. . . . . . . . 2,752,000 fr.

En ajoutant la subvention communale.   895,080

On pourrait compter sur une ressource.
de. . . . . . . . . . . . . . 3,647,080

DÉPENSE :

La dépense matérielle peut être évaluée à 0,02 c. par feuille, pour composition, papier et tirage, ce qui fait pour 450,000 exemplaires . . . . . . . . . . 3,240,000

BONI pour frais de rédaction et d'administration, . . . . . . . . . . 407,080 f.

ABONNEMENS.

Le produit des abonnemens particuliers viendrait encore en aide aux frais de *la Dépêche*, qui se répandrait ainsi à un très-grand nombre d'exemplaires, en dehors du service des municipalités.

A Paris et dans chaque département, ces abonnemens, payant le droit de poste, seraient reçus *au prix du jour des feuilles périodiques du même format*, de manière à ne donner aucun prétexte à la presse périodique de se dire lésée par une concurrence à prix réduit.

Les abonnés ne sauraient manquer à *la Dépêche*, puisqu'ils recevraient à la fois la feuille de Paris et la feuille hebdomadaire de leur département.

D'un autre côté, cette feuille officielle serait vendue par des porteurs, à 5 centimes dans les villes et dans la campagne ; ces porteurs, pris parmi les indigens incapables de travail, recevraient, à titre d'assistance publique, un certain nombre d'exemplaires dont le produit leur serait abandonné.

---

*La Dépêche*, par les moyens que nous venons d'indiquer, opposerait la propagande de l'ordre et des grands principes sociaux à la propagande du désordre et de l'anarchie.

Ne perdons pas de vue, pour justifier la subvention communale et l'envoi de *la Dépêche* à chaque conseiller municipal, que l'ignorance des institutions et des règles administratives est une entrave à la bonne direction et à l'expédition des affaires dans les communes.

*La Dépêche* deviendrait pour les maires et leurs conseillers un répertoire administratif permanent des instructions ministérielles et préfectorales, une reproduction périodique des lois et des règlemens, un rappel des formes à suivre pour les affaires communales.

Elle serait enfin un corps de doctrines politiques et sociales en rapport avec les institutions des sociétés modernes dont les élémens sont si déplorablement ignorés des populations, qu'il est facile au premier venu de les égarer en les leur présentant sous des couleurs fausses et odieuses. Cet enseignement officiel universel pourrait seul soustraire les masses aux soupçons de tyrannie, d'arbitraire, de corruption, de dilapidation, d'injustices sociales que les passions politiques leur inspirent contre le gouvernement par la voie des journaux.

Toutes les branches des services publics retireraient de grands avantages de la création d'un organe par lequel l'administration aurait la facilité de se faire écouter de toutes les municipalités.

Quand l'insurrection éclate dans les idées par la presse, le gouvernement doit la combattre par la presse, comme il la combat par les armes, quand elle éclate dans les faits par les armes.

L'exécution d'un tel projet créerait pour le pouvoir, en même temps qu'une presse administrative et nationale, *un nouveau moyen de gouvernement*, le seul peut-être (ou du moins le meilleur, parce qu'il serait le plus pacifique), par lequel la société puisse être préservée.

Un ministère qui s'adresserait ainsi ouvertement à la France entière ferait sans doute un acte de hardiesse et de résolution, *mais il serait dans son droit*, car son droit incontestable, *puisqu'il est responsable*, est de se défendre, de propager ses doctrines, de dire au pays les vérités que les partis souillent par le mensonge, d'éclairer les intérêts par l'exposé de ses actes et de ses vues, de parler aux âmes par l'expression de ses convictions, et de former ainsi les mœurs et l'opinion publique. Il ne le peut, on ne saurait trop le répéter, contre la presse que par la presse.

L'anarchie des croyances politiques entretenue par le journalisme est telle, et cause tant d'égaremens aux opinions, que jamais moment ne fut plus opportun pour faire apparaître cet organe officiel, garanti par le pouvoir, étranger à tout esprit de parti, et qui semble attendu par le bon sens du pays, l'agitation socialiste le prouve de plus en plus.

Répandre dans toutes les classes par la publicité la plus étendue, la connaissance des institutions et des lois dont les populations n'aperçoivent pas assez l'application toute libérale, de la part du gouvernement, surtout dans l'intérêt des moins fortunés, que les clameurs de l'opposition détournent de cette appréciation ; donner, en ce sens, toute leur vérité aux actes, aux principes, aux tendances du pouvoir, tel est le travail de consolidation à entreprendre par la création de la feuille officielle, dont les bases d'établissement sont proposées dans le présent Mémoire.

La légalité des moyens est aussi incontestable que la légitimité du but.

Ne nous le dissimulons pas, si on abandonne l'opinion aux hasards de ses égaremens, si on ne la guide pas dans ce labyrinthe de fausses théories où l'entraînent la propagation incessante de doctrines subversives d'une part, et d'autre part les prétentions des partis, la société restera ballottée par les vents des passions politiques qui soufflent sur elle, et sans gouvernail de la part de l'autorité chargée de son sort, elle se laissera de nouveau emporter à tous les hasards des tempêtes révolutionnaires.

Tels étaient les avis que nous nous hasardions à donner en 1844 et 1849.

Ces conseils, dictés par la prévision des malheurs vers lesquels le fanatisme révolutionnaire nous précipitait, n'avaient pour eux que l'autorité du bon sens. A une époque où on ne prêtait attention qu'aux beaux discours de la tribune, ils devaient être et ils furent dédaignés.

Le pouvoir nouveau a mieux compris ses devoirs. Il veut vivre ; il veut faire vivre la société dont le sort lui est confié ; il veut abattre les ennemis de l'ordre et de la civilisation partout où ils relèveraient leur drapeau, et la presse périodique est un des moyens dont il paraît vouloir disposer d'une manière officielle.

Sans avoir la prétention de lui donner des avis, nous sommes de ceux qui, pleins de foi dans ses bonnes intentions, voudraient l'aider de leur mieux dans la tâche que le suffrage universel lui a dévolue.

Nous rappelons donc l'idée par laquelle nous proposions au pouvoir d'un autre temps de se saisir de la presse périodique pour en faire une arme de défense et *un instrument d'administration et de gouvernement*.

Il serait bien facile, assurément, de se servir du *Moniteur* au moyen d'une édition réduite et élaborée dans le sens que nous venons d'indiquer pour établir entre l'autorité supérieure et toutes les municipalités de France la communication permanente de pensée et d'action dont les élémens exposés dans le Mémoire qui précède, paraissent avoir attiré l'attention des hommes d'état qui nous ont écrit pour nous remercier.

Mais, dira-t-on, que deviendraient les journaux et les journalistes sous un régime aussi rude de concurrence de la part du gouvernement ?

Il n'y a jamais à s'inquiéter, si ce n'est pour les détruire, des insectes rongeurs qui attaquent la plante pour vivre de sa sève en la faisant périr.

Quant aux journaux véritablement sérieux et utiles, ils n'auraient rien à craindre d'une telle mesure, surtout si, comme nous le proposons dans le Mémoire que nous venons de reproduire, l'administration fixait l'abonnement de la feuille administrative au prix du jour des feuilles périodiques du même format.

Ils ne pourraient que gagner à être débarrassés de rivalités parasites.

Quant aux écrivains de talent et de savoir, beaucoup d'entre eux quitteraient probablement très-volontiers le labeur forcé et ingrat du publiciste quotidien pour écrire, à loisir, de *bons livres*, tâche trop délaissée en France depuis que le journalisme a tout envahi ; et le gouvernement les encouragerait dans cette noble carrière, par des distinctions, des places, et des honneurs.

Paris. — Imprimerie de E. BRIÈRE, rue Ste-Anne, 55.